Ernst von Wildenbruch

Jungfer Immergrün

Volksstück in einem Akt

Ernst von Wildenbruch

Jungfer Immergrün
Volksstück in einem Akt

ISBN/EAN: 9783743380899

Hergestellt in Europa, USA, Kanada, Australien, Japan

Cover: Foto ©Thomas Meinert / pixelio.de

Manufactured and distributed by brebook publishing software (www.brebook.com)

Ernst von Wildenbruch

Jungfer Immergrün

Jungfer Immergrün.

Volksstück in einem Akt

von

Ernst von Wildenbruch.

Berlin, 1896.
Verlag von Freund & Jeckel.
(Carl Freund.)

Personen.

Rose, Apotheker.
Dorette, seine Schwester.
Florette ⎱ seine Töchter
Julchen ⎰
Linsenbart, Kandidat der Theologie.
Kleinschöttel, Supernumerar am Packhof.
Wippel, Prorektor am grauen Kloster.
Ein königlicher Kammerhusar.
Ein Provisor der Apotheke.

Ort der Handlung: Berlin.
Zeit: Unter Friedrich dem Großen.

(Scene: Ein Zimmer von einfacher, altjüngferlicher Ausstattung. An der rechten Wand eine Kommode, mit einem Glasschränkchen darauf. Ueber dem Schränkchen hängt an der Wand das Portrait eines jungen Mannes; das Bild ist mit einem, von rosafarbenen Seidenbändern durchwirkten, immergrünen Kranz umrahmt. An der linken Wand ein steiflehniges Sopha mit Kattun-Ueberzug. Eine kleine Thür ist an der Wand links; eine größere in der Wand des Hintergrundes. Diese letztere führt in die Apotheke, in die man, wenn die Thür aufgemacht wird, hineinsieht. Die Apotheke öffnet sich ihrerseits im Hintergrunde auf die Straße.)

Erster Auftritt.

Dorette (sitzt auf einem Stuhle vor der Kommode, dem Bilde grade gegenüber. An der Kommode ist ein Schubfach aufgezogen; man sieht, daß sie darin gekramt hat. Mehrere dicke Packete Briefe, alle mit rosafarbenen Bändern umwunden, liegen auf dem Fußboden um sie her. Sie selbst ist eine verblühte Jungfrau, in deren Gesicht man noch die Spuren ehemaligen Reizes erkennt).

Dorette (zu dem Bilde hinaufsprechend).

Sieht er, Gottfried, heut macht er wieder seine Schelmen-Augen. Wenn man nicht wüßte, was für ein kreuzbraver Mensch er ist, man würde sagen, er ist ein Sapperloter. (Sie kichert vor sich hin) Lächle er nur, er weiß, wie ihm das steht. (Droht dem Bilde mit dem Finger) Er Ausbund! Was sagt er? Sein Häubchen soll ich aufsetzen? Na — na — na — (Sie holt aus dem Schubfach einen Karton hervor und aus diesem ein weißes Häubchen mit rosafarbenen Bändern) Was würden die Leute sagen, wenn sie mich darin sähen? Es sieht's Niemand, meint er? Und er hat's mir doch geschenkt? Er braucht es mir nicht zu sagen, Gottfried, das vergesse ich nicht. Und — wenn's ihm denn solche Freude macht — (Sie setzt das Häubchen auf den Kopf.)

Zweiter Auftritt.

Julchen (ist, während Dorette mit dem Bilde spricht, leise von links aufgetreten, dort, im Rücken von Dorette stehen geblieben und hat die Hände vor den Mund gedrückt, um ihr Kichern zu ersticken; jetzt platzt sie halblaut heraus).

Dorette (wendet sich erschreckt).

Ach Jeses — bin ich erschrocken!

Julchen (fliegt auf sie zu, umarmt sie stürmisch).

Immergrün! Tantchen Immergrün!

Jungfer. 1 1

Dorette.
Bin ich — erschrocken.
Julchen.
Aber vor mir doch nicht? Es war ja so reizend, wie sie mit ihrem Herzallerliebsten da an der Wand sich unterhielt!
Dorette (bemüht sich, die Haube abzunehmen).
Laß mich doch nur — die Haube —
Julchen (hält ihr die Hand fest).
Aber warum denn? Aber warum denn?
Dorette.
Du lachst mich ja aus.
Julchen (läßt sich knieend vor ihr nieder).
Die Tante auslachen? Ich? So wahr ich hier vor ihr kniee, das hat sie auch gar nicht geglaubt?
Dorette.
Du freilich, bist besser als die Andern.
Julchen.
Denn, sieht sie, wenn ich zu ihr spreche, wie die Anderen, und sie Immergrün nenne, so muß sie nicht denken, das thue ich aus Spott; so reizend finde ich den Namen! Und daß sie dem Herzallerliebsten solche Treue hält, sieht sie, das find' ich so schön —
Dorette.
Ja, wirklich, Julchen?
Julchen.
Ja wirklich, Tantchen. Da kann sich ein junges Mädchen recht ein Beispiel daran nehmen.
Dorette.
Aber die Anderen lachen darüber.
Julchen.
So laß die Tante sie lachen; wir freu'n uns, die Tante und ich (wendet den Kopf nach dem Bilde) und da oben der Dritte — sieht sie denn nicht, wie er sich freut?

→ Volksſtück. ←

Dorette.
Siehſt Du's auch, wie er lächelt?
Julchen.
Er ſtrahlt ja nur ſo; gleich denk' ich, wird er nicken. (Wendet ſich zu Doretten zurück) Und Gottfried alſo heißt er? Immer hat uns die Tante ein Geheimniß daraus gemacht.
Dorette.
Wenn Du's ſchon einmal gehört haſt — Gottfried Jrenäus.
Julchen.
Gottfried — Jrenäus — und wie denn weiter?
Dorette.
Aber Du darfſt's der Florette nicht ſagen — ſonſt lacht ſie.
Julchen.
Ich ſag's nicht weiter.
Dorette (halblaut).
Gottfried Jrenäus — Linſenbart.
Julchen (will in Lachen ausbrechen).
Linſen —?
Dorette.
Jetzt lachſt Du ſelbſt.
Julchen (umarmt ſie mit erneuter Zärtlichkeit).
Nein! Geb' mir die Tante einen Kuß! Sag' mir die Tante, daß ſie's nicht glaubt, daß ich über ſie lache!
Dorette (beugt ſich über ſie).
Ach Julchen, es wär' auch nicht recht. Solch' ein armer Menſch, ſiehſt Du, aber ſolch' ein braver.
Julchen.
Das glaub' ich, daß er's iſt, weil die Tante ihn ſo feſt im Herzen hält.
Dorette (zeigt auf die Brief=Packete).
Das ſind ſeine Briefe, ſiehſt Du, die er an mich ge= ſchrieben. Kaum ſo viel Geld hat er zeitlebens gehabt, daß er das theure Poſtgeld bezahlen konnte, immer hat er ſich's dazu

abgedarbt. Julchen — wenn ich einmal sterbe, vermach' ich Dir seine Briefe; da wirst Du sehn, was für ein Mensch es war.

Julchen.

Nein, sprech' die Tante nicht vom Sterben. Bitte? Nein?

Dorette.

Wenn's einmal geschieht, werden viele sagen, es war das Gescheidteste, was sie im Leben gethan.

Julchen.

Wer wird so sprechen?

Dorette.

Da ist mein Bruder, was Dein Vater ist, und die Florette, Deine Schwester, wird auch nicht viel anders sagen.

Julchen.

Aber ich nicht!

Dorette (streicht ihr über das Haupt).

Du nicht.

Julchen.

Und — so viel Briefe?

Dorette.

Ja, was denkst Du? Von zwanzig Jahren her.

Julchen.

Zwanzig — Jahr?

Dorette.

So lange ist's her, seit wir uns verlobt haben, da hinten, in Thüringen. Seitdem haben wir uns nie wieder gesehen.

Julchen.

Nie wieder? All' die zwanzig Jahr?

Dorette.

Von Thüringen bis Berlin, die weite Reise — wo sollt' er da das Geld zu bekommen? Und ich — das hätte sich nicht geschickt, wenn ich zu ihm gereist wäre; und außerdem — mein Bruder, was Dein Vater ist, hätt's nicht gelitten.

→ Volksstück. ←

Julchen.
Ach Tantchen — ach Tantchen —
Dorette.
Ja — fühltst Du's?
Julchen.
Zwanzig Jahr nicht gesehen und gehört und doch treu geblieben.
Dorette (rafft eins von den Briefpacketen auf).
Weil ich die hier gehabt habe! Seine Seele, Julchen, seine heilige Seele! (Sie senkt das Haupt auf die Blätter, sitzt still weinend.)
Julchen.
Ach, weine die Tante nicht! Bitte? Nein?
Dorette (trocknet sich die Augen).
Ich will auch nicht, denn er hat auch nicht geklagt. In zwanzig Jahren voll Armuth, Sorge und Mühe von Morgens bis zum Abend, nicht einmal an sich gedacht, nur immer an mich, nur immer Trost mir gesprochen, Hoffnung und Muth. Ich will's Dir sagen, es ist in der Zeit Mancher gekommen, der um mich gefreit hat, und mein Bruder, was Dein Vater ist, hat's mir nicht leicht gemacht. „Gieb ihn auf, Deinen Hunger=Kandidaten," hat er wohl hundertmal gesagt, „aus dem nie kein Pastor wird. Es sind bessere für Dich da."
Julchen.
Ein Kandidat ist der — Linsenbart?
Dorette.
Ein Kandidat der Theologie. In Jena hat er studirt, und in Lauchstädt haben wir uns verlobt.
Julchen.
In Lauchstädt?
Dorette.
Da war ich hingereist, ins Bad, mit Deiner Mutter, lange eh' Du geboren wurdest, weil Deine Mutter krank war. Da war er von Jena herübergekommen, zufällig. Da haben wir

an einem Abend in einer Laube zusammengesessen, beide allein, er und ich. Und wie wir gesessen haben, ist der Mond aufgegangen. Da hat er mir ein Gedicht gesprochen — (sie verstummt und faltet die Hände.)

Julchen.

Ein Gedicht?

Dorette.

Von Klopstock.

Julchen.

Weiß die Tante es noch?

Dorette.

Nur die ersten Verse: „Willkommen, o silberner Mond mir, sanfter stiller Gefährte der Nacht."

Julchen (leise selig).

Ach schön. Ach wunderschön.

Dorette.

Den Abend hab' ich ihn gesehen und gehört — es ist das letzte Mal gewesen. Seitdem — wenn ein Andrer gekommen ist und hat um mich angehalten, immer ist's mir gewesen, als hörte ich seine Stimme wieder, wie an dem Abend.

Julchen (umarmt und küßt sie).

Sie darf auch keinem sonst angehören!

Dorette.

Und wenn dann finstre Gesichter um mich her gewesen sind, und in mir selbst die rabenschwarze Nacht, wenn ich nicht ein noch aus mehr gewußt habe, dann habe ich zum Himmel aufgesehen und immer vor mich hingesprochen: „Willkommen, o silberner Mond mir" —

Julchen.

„Sanfter stiller Gefährte der Nacht"

Dorette.

Ja ja ja — wie ein sanfter stiller Gefährte ist dann jedesmal Trost wieder in mein Herz gekommen, und Glauben und Hoffnung.

Julchen.
Daran muß sie festhalten, die Tante! Nicht loslassen darf sie von der Hoffnung.
Dorette.
Ach Julchen — hoffen macht müde.
Julchen.
Nicht müde darf sie werden.
Dorette.
Du sprichst wie ein Kind.
Julchen.
Das mag wohl sein; aber sieht sie, Tantchen, herzallerliebstes, in mir ist solche Zuversicht —
Dorette.
Ach nein, ach nein —
Julchen.
Ja wirklich! Ja doch! Solch' eine Zuversicht und bestimmtes Gefühl, daß alles noch gut wird mit ihr —
Dorette.
Julchen, das täuscht.
Julchen.
Tantchen, so etwas täuscht nicht.
Dorette.
Siehst Du, wie Ihr Kinder nun seid — und ich bin auch noch immer solch ein altes Kind. Grad' heut war mir so — so fröhlich — weiß selbst nicht warum. Und gerade in diesen Tagen hab' ich von ihm einen Brief wieder gekriegt —
Julchen.
Da steht drin —?
Dorette.
Daß es dicht daran gewesen ist, daß alles gut geworden wäre — und nun —
Julchen.
Und nun?

Dorette.

Ist das Glück wieder an ihm vorbei gegangen, und nun ist's zu Ende, für immer und in alle Wege!

Julchen (springt auf, rückt einen Stuhl an Dorettens Seite, setzt sich).

Ach Gott, erzähle die Tante doch nur —

Dorette.

Da ist in Thüringen ein Pfarrer gestorben, Cannabich hat er geheißen, ein ganz alter Mann. Auf dessen Stelle, und es war eine sehr schöne Stelle, hat der Gottfried gewartet Jahre und Jahre. Und der Graf, was der Patron von der Stelle ist, wie nun der alte Cannabich gestorben ist, hat er auch wirklich dem Gottfried die Stelle angeboten —

Julchen.

Aber sag' sie —

Dorette.

Und wie mein Gottfried darüber ganz selig ist, und ein Hosiannah anstimmt in seinem Herzen — da —

Julchen.

Da?

Dorette.

Da kommt von dem Grafen eine Bedingung hinterdrein —

Julchen.

Was denn für eine?

Dorette.

Das hat er mir nicht schreiben wollen; er meint, es würde mich gekränkt haben. Aber eine Bedingung wär's gewesen, schreibt er, die er nie hätte annehmen dürfen, wenn er ein ehrlicher Mensch hätte bleiben wollen.

Julchen.

Und da — hat er sie nicht angenommen?

Dorette.

Da hat er sie nicht angenommen. Und darauf, schreibt er, haben sie ihm in Thüringen den Boden so heiß gemacht,

daß für ihn kein Bleibens mehr gewesen ist an keinem Ort. Und da hat er sich entschließen müssen, auszuwandern.
Julchen.
Auszuwandern? Ueber's Meer?
Dorette.
Das nicht, nur aus Thüringen hinweg.
Julchen.
Wo denn hin?
Dorette.
Das, schreibt er, könnt' er mir noch nicht sagen. Irgend wohin, wo er sich vielleicht damit ernähren kann, daß er Kindern Unterricht ertheilt.
Julchen.
So weiß die Tante jetzt garnicht, wo er ist?
Dorette (bricht in Thränen aus).
Daß ich's denn sagen muß — nein — ich weiß es nicht!
Julchen.
Ach Tantchen — ach Tantchen —
Dorette (trocknet sich die Augen).
Wenn er etwas gefunden hat, will er mir's schreiben — Was wird er denn finden? Sollen zwei Menschen von dem leben, wovon einer verhungert?
Julchen (beugt sich zu Doretten herüber, umarmt sie).
Verzweifle die Tante nicht so.
Dorette.
Es ist ja nicht meinetwegen. Aber er! Immer seh ich ihn vor Augen, wie er durch die Welt zieht, mit seiner armen, müden, traurigen Seele! Kaum daß er ein Dach überm Haupte haben wird und ein Stück Brod zum essen! Ach Julchen — Du solltest mich nicht küssen — wer so unglücklich ist, wie ich, der steckt an.
Julchen (springt auf, fällt mit Küssen über Doretten her).
Das soll sie zurücknehmen, die Tante!

Dorette.

Ach Kind —

Julchen.

Nicht eher hör' ich auf, sie zu küssen, bis sie's zurückgenommen hat, das Wort!

Dorette.

Du erstickst mich.

Julchen.

Das will ich auch, das thu' ich auch, denn sonst — (sie beugt sich an Dorettens Ohr) erstickt mir die Tante mein Glück.

Dorette (ergreift Julchen an beiden Handgelenken, hält sie von sich ab).

Julchen, worauf deutest Du hin?

Julchen
(sinkt wieder vor ihr nieder, verbirgt ihr Gesicht in Dorettens Schooß).

Kann ich denn jetzt davon sprechen?

Dorette.

Schlechte Herzen werden durch Unglück hart — hältst Du mich für so schlecht?

Julchen.

O nein.

Dorette.

Also — wer ist es?

Julchen (schamhaft flüsternd).

Wippel heißt er.

Dorette.

Wippel?

Julchen.

Johann Jakob Wippel.

Dorette.

Und was ist er?

Julchen.

Magister an einem Gymnasium, zum grauen Kloster.

Dorette.

Wo hast Du ihn kennen gelernt?

Julchen.

Bei der Musik, im Korsika'schen Saale; vor vierzehn Tagen, als der Tambolini sang. Da — hat er neben mir gesessen.

Dorette.

Gefiel er Dir sogleich?

Julchen.

Ach Tante — solch ein artiger jeune homme! Nachher, wie's zu Ende war, und ich hinaustrete, hat es geregnet — und ich hatte keinen Parapluie.

Dorette.

Und da —

Julchen.

Und da — hat er auf einmal neben mir gestanden, mit dem Schirm aufgespannt. Und da (sie tichert) hat er gesagt —

Dorette.

Hat er gesagt —

Julchen.

„Will die Demoiselle mir gestatten, daß ich sie vor Jupiter Pluvius ein weniges schütze?"

Dorette.

Vor — wem?

Julchen.

Vor Jupiter Pluvius — das hat er mir nachher erklärt, das ist bei den Lateinern der Regengott gewesen. Und dabei hab' ich erfahren, daß er ein Magister ist am grauen Kloster, und daß er Wippel heißt. Und so hat er mich bis nach Haus begleitet, und mich am Arm geführt — ach Tantchen, so artig und fein — und hat mir von seinem Leben und seinen Aussichten erzählt — Alles so charmant, Tantchen, so charmant —

Dorette.

Julchen, ich bin zu arm, Dir etwas zu schenken; Alles, was ich habe, ist mein Segen. Den gieß' ich über Dich aus.

(Sie nimmt Julchens Kopf in beide Hände) Julchen, mein Herzenskind, besser als mein Gottfried kann Dein Wippel nicht sein — möchte er glücklicher sein. Möcht' es Dir besser gehn, Julchen, als es mir ergangen ist, besser, viel besser.
Julchen.
Die Tante — die liebe gute Tante —

Dritter Auftritt.
Florette (kommt von links, bleibt stehen, die Beiden, die in der Umarmung liegen, spöttisch betrachtend).
Florette.
Ist's ein Finale oder eine Ouverture, was hier tragirt wird?
(Dorette und Julchen fahren auseinander.)
Julchen (leise).
Die Florette.
Florette.
Wenn's Ouverture ist, lasse man sich nicht stören; ich setze mich so lange. (Setzt sich auf das Sopha links.)
(Julchen ist aufgestanden, Dorette bemüht sich, die Haube abzunehmen.)
Julchen (hält ihr die Hände fest).
Die Tante wird doch nicht —
Dorette.
Laß mich doch —
Florette.
Behalt' sie das Häubchen doch auf, Tante Immergrün; es steht ihr ja à merveille.
Julchen (zu Florette).
Dann sollte man nicht darüber spotten.
Florette.
Wer spottet denn?
Julchen.
Du.
Florette.
Quelle idée.

→ Volksstück. ←

Julchen (zu Dorette).
Geb' ihr die Tante doch eins auf den Schnabel.

Dorette (leise).
Ach — siehst Du — der gegenüber bin ich ja wie auf den Mund geschlagen. (Sie kramt die Briefpackete zusammen.)

Florette.
Wieder ein Briefchen gekommen? Vom Herrn fiancé?

Dorette (wendet sich ihr mit vorwurfsvollem Blick zu).
Ach Florettchen — wie Du sprichst.

Florette.
Ich frage nur, weil ich auch eines bekommen habe von dem meinen.

Julchen.
Von dem Hofmann?

Florette (steht auf).
Tante Immergrün, seh' sie mich an. In ein paar Wochen bin ich eine Frau Pastorin! (Bricht in ein helles Gelächter aus).

Julchen.
Hat Dein Bräutigam eine Stelle gekriegt?

Florette.
Freilich, eine vortreffliche: in Thüringen.

Dorette.
Wo?

Florette.
In Thüringen — soll ein reizender Ort sein.

Dorette.
Wie heißt der Ort?

Florette.
Hab's vergessen. Aber ich hab' ja seinen Brief bei mir. (Zieht einen Brief aus der Tasche, blickt hinein) Was der Mensch für eine saubere Hand schreibt — (sie beriecht das Blatt) und immer solch ein Bisam-Parfum über Allem —

Dorette.

Wie heißt der Ort?

Florette (blickt in den Brief).

Hem — Hemmleben.

Dorette (greift nach Julchens Hand).

Ach Gott — Julchen —

Julchen.

Was ist benn?

Dorette.

Das ist der Ort, wo mein Gottfried Pfarrer werden sollte.

Julchen (zu Florette).

In Hemmleben soll er Pastor werden?

Florette.

Ist es schon. War da ein alter Pfarrersmann — hieß — (sucht in dem Briefe.)

Julchen.

Cannabich?

Florette.

I du Je — woher weißt denn Du den Namen? Liesest Du in den „Gazetten"?

Julchen.

Wie — so?

Florette.

Weil's in den „Gazetten" gestanden hat, daß der Cannabich gestorben ist, und daß der Graf, was der Patron ist, die Stelle ausböte. Ich hab' mich schon all' die Tage gewundert, wo mein Herr Bräutigam plötzlich geblieben ist; war nichts zu hören und zu sehen von ihm — nun mit einmal erfahr' ich's: er hat's gelesen, daß da ein Kripplein seines Dechsleins wartet, und wupp, bei Nacht und Nebel ist er hin, stellt sich dem Grafen vor und wupp, hat er die Stelle weg! Nun — was sagt sie, Tante Immergrün? Weiß sie auch noch, wie sie mich seinerzeit gewarnt hat vor dem Hofmann? Immer hat sie was auszusetzen gehabt an ihm.

Dorette.
Ja Florettchen, das weiß ich noch wohl!
Florette.
Dann wird sie nun andrer Meinung geworden sein? Wie? Da sie hört, was für ein gaillarder, flinker Mensch das ist?
Dorette.
Das weiß ich noch nicht.
Florette.
Das weiß sie noch nicht — (ist an Doretten herangetreten) Ja — was macht denn sie für ein komisches Gesicht?
Julchen (zieht Florette hastig auf die Seite).
Sprich nicht zur Tante von der Geschichte.
Florette.
Von — der Geschichte?
Julchen (leise).
Von Hemmleben und dem Cannabich —
Florette.
Warum denn nicht?
Julchen (flüstert ihr ins Ohr).
Um die Stelle, die Dein Hofmann bekommen, hatte sich ja der Tante ihr Bräutigam beworben!
Florette.
Der — Alte —?
Julchen (hält ihr die Hand vor den Mund).
Pst doch!
Florette.
Nein sag' — der Alte —? (bricht in Lachen aus).
Julchen.
Lach' doch nicht!
Florette (macht sich von Julchen los, wirft sich auf das Sopha).
Hahahahaha!
Julchen (eilt ihr nach).
Florette! Du brichst ihr ja mit Deinem Lachen das Herz!
Florette (windet sich vor Lachen).
Kann ich denn was dafür? Kann ich denn was dafür?

→ Jungfer Immergrün. ←

Vierter Auftritt.

Apotheker Rose (durch die Mitte zu den Vorigen).

Rose.

So will ich doch wetten, daß es mein Haus=Kobold ist, die Florette, die so lacht.

Florette (springt auf, ihm an den Hals).

O schade, daß er nicht gewettet hat, der Herr Papa! Er hätte gewonnen.

Rose.

Was ist denn also los?

Florette (zieht ihn links hinüber).

Wird er's denn glauben, cher papa, wir sind ja Rivalinnen geworden. (Zeigt auf Doretten hinüber.)

Rose.

Rivalinnen?

Julchen (tritt von der anderen Seite zum Vater heran).

O liebster Herr Vater, Sie sollten der Florette wirklich verbieten, daß sie so herzlos lacht.

Rose.

Der Florette das Lachen verbieten? Ich? Sollen in meinem Hause lauter Thränen=Weiden stehn?

Dorette.

Sei er doch ruhig, der Bruder; mit Thränen, denk' ich, inkommodire ich Niemanden.

Rose.

Und die Florette soll lachen! Niemand soll ihr's ver= wehren!

Dorette.

Es verwehrt ihr's Niemand.

Rose.

Schwester Dorette, thu' sie mir den einzigen Gefallen, nicht immer diesen larmoyanten Ton! Ich halt's nachgrade nicht mehr aus.

→ **Volksstück.** ←

Julchen.
O, liebster Herr Vater.

Rose.
Sei sie still, die Mamsell Naseweiß, und meistere sie ihren Vater nicht! Also nun — was ist damit gemeint, daß Ihr Rivalinnen geworden seid?

Florette.
O — wenn's der Tante gar so nah' geht, will ich ja lieber nicht mehr davon sprechen.

Dorette.
So will ich es sagen. Der Bruder wird's ja wohl gehört haben, daß der Hofmann eine Pfarrstelle gekriegt hat.

Rose.
Allerdings. Und daß Jemand in so jungen Jahren zu einer solchen Stellung kommt, das will was sagen. Er ist ein flinker, adretter Mensch, der Hofmann. Er gefällt mir. Solch einem kann man seine Tochter anvertrau'n.

Dorette.
Nun — Gott geb's.

Rose.
Gott geb's — und dazu ein Seufzer wie aus dem Burgverließ! Freut sich die Schwester denn gar nicht über das Glück ihrer leiblichen nièce?

Florette (zieht ihn wieder nach links).
Ach, bester Herr Papa — auf die Stelle, die mein Hofmann gekriegt hat, hatte ja der — Bräutigam von ihr da — spekulirt.

Rose (laut heraus lachend).
Also so kommt's heraus?

Dorette.
Ja — so kommt es heraus.

Rose.
Weggeschnappt hat ihm der Hofmann die Stelle?

Dorette.

Weggeschnappt? Das weiß ich nicht.

Rose.

Was ist denn da nicht zu wissen? Aus dem Feld hat er ihn gestochen, läßt sich denken. Wird dem Grafen wohl besser gefallen haben, der junge adrette Kerl, als der alte Krippensetzer.

Julchen.

O — liebster Herr Vater —

Rose (zu Julchen).

Sprech die Mamsell, wenn sie gefragt wird; ich habe sie nicht gefragt. (Zu Dorette) Aber da hat's die Schwester nun. Jetzt, denk' ich, wird sie endlich Vernunft annehmen.

Dorette.

Zu was, lieber Bruder?

Rose.

Zu was! Zu was! Zu der Einsicht, daß es mit ihrem Hungerkandidaten nichts ist und nichts wird! Solch ein Tapermichel! Wartet zwanzig Jahr auf eine Stelle, und wie's soweit ist, läßt er sie sich wegschnappen von solch einem verteufelten Springinsfeld.

Dorette.

Der Bruder irrt sich. Vertapert hat der Gottfried die Stelle nicht.

Rose.

Sondern?

Dorette.

Sondern der Graf hat eine Bedingung gestellt, die er nicht erfüllen konnte.

Rose.

Eine — Bedingung?

Dorette.

Die er nicht erfüllen konnte und wollte.

→ **Volksstück.** ←

Rose (zu Florette).
Hat er dem Hofmann die Bedingung auch gestellt?
Florette.
Davon schreibt der Hofmann nichts.
Dorette.
Also wird's noch nachkommen.
Rose.
Oder auch nicht. Was soll's denn für eine Bedingung sein? Was schreibt denn ihr Musjeh Gottfried darüber?
Dorette.
Er hat mir die Bedingung nicht sagen wollen.
(Rose und Florette brechen in lautes Lachen aus.)
Rose.
Na ja, da haben wir's! Larifari ist die ganze Geschichte.
Dorette.
Das glaub' ich nicht, lieber Bruder.
Rose.
Das glaub' ich doch, liebe Schwester. Denn wenn Jemand von einer Sache Geschrei macht und nachher die Sache nicht einmal bei Namen nennen kann
Florette.
Echauffire sich der Herr Papa doch nicht. Was wird der Graf denn verlangt haben? Daß der neue Pfarrer ein bischen savoir vivre besitzt, ein gebildetes Französisch spricht, an Sonntagen auf dem Schloß zur Konversation beitragen kann —
Dorette.
Nein, Florettchen.
Florette.
Hier und da eine interessante Lektüre vorschlagen kann —
Dorette.
Nein Florettchen; der Graf verlangt wohl ganz etwas Anderes.

Florette.
Sie sagt doch selbst, daß sie's nicht weiß.
Dorette.
Soviel hat Gottfried mir geschrieben: eine Bedingung wär's gewesen, die er nicht hätte annehmen dürfen, wenn er ein ehrlicher Mensch hätte bleiben wollen.
Florette (leicht lachend).
Du Gott — wie tragisch!
Dorette.
Darum gebe Gott Dir, Florettchen, daß Dein Hofmann sie erfüllen kann, ohne daß er —
Florette (wirft sich dem Vater aufschreiend an die Brust).
Herr Vater! Ich werde beleidigt!
Julchen.
Aber wer beleidigt Dich denn?
Florette (gegen Julchen losfahrend).
Und Du bist auch immer gegen mich! Hast Du nicht gehört, daß sie meinen Bräutigam verdächtigt?
Dorette.
Aber Florettchen, Florettchen —
Florette (zu Dorette).
Und ich weiß auch, warum! Immer hat sie zu kräkeln und zu mäkeln gehabt an dem Hofmann! Und jetzt soll ich glauben, er wäre kein ehrlicher Mensch!
Dorette.
Von ganzem Herzen wünsch' ich Dir, daß er die Probe besteht.
Florette.
Die Probe — die Probe — das Alles hat sich ihr alter Musjeh ausgedacht!
Julchen.
Aber Florette —

→ Volksstück. ←

Rose (zu Julchen).
Muß sie sich immer dareinmischen?
Dorette.
Wenn Dir's das Herz nicht verbietet, daß Du so sprichst, verbietet's Dir nicht der Respekt?
Florette.
Da muß ich denn sagen, liebe Tante, es ist nicht ganz leicht, Respekt vor Jemandem zu bewahren, der sich von der ganzen Welt auslachen läßt!
Dorette.
Wer —?
Florette (achselzuckend).
Nun — wer?
Dorette (zu Rose).
Und der Bruder erlaubt, daß seine Tochter —?
Rose.
Der Bruder! Was soll's mit dem Bruder? Er muß einmal ernsthaft mit ihr sprechen, der Bruder, aber ganz ernsthaft. Weiß die Schwester nicht, wie sie bei den Leuten genannt wird? „Die ewige Braut", „die Jungfer Immergrün"? Jetzt ist es noch ein Spott — mit der Zeit wird es eine Schande! Ich hab's mit angesehn — länger seh' ich's nicht mit an! Ich hab' gedacht, er wird endlich einmal aufhören, Kandidat zu sein — jetzt weiß ich, daß er im Leben nichts anderes wird! Sie macht mir der Florette ihren Hofmann schlecht — ich sag' ihr von ihrem Linsenbart, daß ihr Linsenbart ein mauvais sujet ist!
Florette.
Linsenbart?
Rose.
So heißt er.
Florette (kreischend vor Lachen).
Linsenbart! Mais c'est tout ce qu'il y a de ridicule! (Wirft sich lachend aufs Sopha.) Linsenbart! Linsenbart!

21

Dorette (erhebt sich).

Herr Bruder — sollen die Kinder hinausgehn, oder ich?

Rose (brutal).

Sie will hinausgehn, die Schwester? Wo will sie denn hin?

Dorette (drückt die Hände vors Gesicht, sinkt in den Stuhl zurück).

Ach — du Gott —

Julchen.

Herr Vater — Herr Vater —

Rose (zu Julchen).

Muß ich ihr schon wieder den Mund verbieten? (Zu Dorette) Aber wie gesagt, jetzt hat das ein Ende. Und jetzt ist der letzte Augenblick. Gestern ist er wieder bei mir gewesen, der Herr Kleinschöttel —

Dorette.

Der Supernumerar?

Rose.

Der Herr Supernumerar Kleinschöttel; allerdings.

Dorette.

Aber — Herr Bruder —

Rose.

Man lasse mich aussprechen, wenn ich bitten darf — ja? Dreimal hat er um die Schwester angehalten, und dreimal hat sie ihn abgewiesen —

Dorette.

So hätt' er sich das vierte Mal sparen sollen.

Rose.

Thu' sie mir den einzigen Gefallen und sag' sie mir, was sie eigentlich will?

Dorette.

Ihn nicht zum Mann will ich, den Herrn Supernumerar.

Rose.

Man spreche vernünftig, wenn ich bitten darf — ja?

→ Volksstück. ←

Dorette.
Deutlich, denk' ich, hab' ich gesprochen.
Rose.
Ein wohl situirter, reputirlicher Mann.
Dorette.
Liegt mir fern, es zu bezweifeln.
Rose.
Heute noch Supernumerar — übers Jahr kann er etatsmäßig angestellter Zoll-Revisor sein.
Dorette.
Um so besser für ihn.
Rose.
Zoll-Revisor —
Dorette.
Das hab' ich gehört.
Rose (tobt auf und ab).
Schwester Dorette, bring' sie mich nicht in Wuth! Wenn sie den nicht bekommt, bekommt sie überhaupt keinen!
Dorette.
Ich brauche auch keinen.
Rose.
Sie — braucht keinen?
Dorette.
Da ich schon verlobt bin —
Rose.
Da sie schon verlobt ist — jetzt — wo sie hört, daß er ein Habenichts ist, ihr Linsenbart, ein Bettler, nicht viel besser als ein landstreichender Mann —
Dorette.
Jetzt, da ich das Alles weiß, will ich ihm, wenn ich es könnte, noch treuer in Liebe anhängen, als ich es zwanzig Jahre lang gethan.

Jungfer Immergrün.

Julchen (fliegt ihr um den Hals).

Tante! Tante Immergrün!

Rose (sinkt auf das Sopha).

Florette — der Provisor — soll mir aus der Apotheke ein Glas Jamaika bringen — mir wird schwach.

(Florette geht an die Mittelthür; in dem Augenblick wird die Mittelthür von außen aufgerissen.)

Fünfter Auftritt.

Der Provisor (erscheint in der Mittelthür).

Herr Prinzipal — der Herr Supernumerar Kleinschöttel wünschen seine Aufwartung zu machen.

Rose (springt auf).

A la bonheur!

Sechster Auftritt.

Kleinschöttel (kommt durch die Mitte).

Kleinschöttel.

Herr Rose — Herr Apotheker Rose —

Rose.

Herr Supernumerarius —

Kleinschöttel.

Von seinem Madeira eine Flasche! Von der besten Sorte! Die Flasche zu einem Thaler!

Rose.

Florettchen — der Provisor — rechts oben, im obersten Fach!

Florette.

Sogleich. (Ab nach der Mitte).

Rose.

Julchen, einen Stuhl für den Herrn Supernumerar! Einen kleinen Tisch für den Wein und ein Glas!

Kleinschöttel.

Zwei Gläser, Demoiselle, wenn ich bitten darf. Herr Apotheker Rose, — ich lade ihn ein.

Volksſtück.

Roſe.
Sehr aimabel, Herr Supernumerar. Sehr aimabel!
(Julchen nach links ab.)

Kleinſchöttel (zu Dorette).
Serviteur, Jungfer Roſe —

Roſe.
Schweſter Dorette — der Herr Supernumerar macht ihr seine Reverenz.

Dorette (ohne ihre Stellung zu verändern).
Guten Tag, Herr Kleinſchöttel.

Roſe (mit Betonung verbeſſernd).
Herr Supernumerar Kleinſchöttel.

Kleinſchöttel.
Laß er gut ſein, ich denk', es hat ſich aus—ſupernumerirt.

Roſe.
Beförderung in Ausſicht?

Kleinſchöttel (reibt ſich die Hände).
Wir haben einen Coup gemacht.

Roſe.
Meine Gratulation!

Siebenter Auftritt.

Florette (kommt durch die Mitte mit einer Flaſche Madeira); **Julchen** (kommt von links mit einem kleinen Tiſch und zwei Gläſern, ſtellt den Tiſch vor das Sopha, die Gläſer darauf).

Roſe.
Nehm' er Platz, der Herr Zoll-Reviſor, nehm' er Platz! (Entkorkt die Flaſche). Darf ich ein Gläschen einſchenken?

Kleinſchöttel.
Zwei, wenn ich bitten darf; er trinkt mit.

Roſe (ſchenkt zwei Gläſer ein).
Sehr aimabel.

Kleinschöttel (trinkt).

Man sitzt bei ihm wie in einer Laube; Rosen überall, Knospen und —

Rose.

Charmant gesagt!

Kleinschöttel (mit einem Blick auf Doretten).

Und — vollaufgeblühte.

Dorette.

Wohl schon mehr abgeblüht.

Kleinschöttel.

Mademoiselle — die Reife eines ehrsamen Frauenzimmers ist wie die Patina auf einer Bronce —

Rose.

Aber wirklich ganz charmant!

Kleinschöttel.

Kenner zahlen dafür am meisten.

Rose.

Der Herr Revisor sind ein Kenner. (Stößt an sein Glas.) Aber er wollte von einem Coup erzählen, den er gemacht?

Kleinschöttel (schlägt Rose auf die Schulter).

Ein Verdienst um den Staat hab' ich mir erworben! Ein Plus-Macher bin ich geworden!

Rose.

Ein — Plus-Macher?

Kleinschöttel.

Das versteht er nicht? Na ja. Das nennt man bei uns Zollbeamten so, wenn wir Contrebande aufspüren und etwas tüchtiges konfisciren. Vierhundert Thaler baar hab' ich heut' Morgen dem Staatssäckel eingebracht!

Rose.

Vierhundert Thaler.

→ Volksstück. ←

Kleinschöttel.

Was sagt er? Und was das Beste ist: ich hab' auch gleich dafür gesorgt, daß Se. Majestät der König es brühwarm erfährt. Und Se. Majestät hat das gern, wenn man ihm Geld in den Staatssäckel füllt. Hat es gern.

Rose.

Der Herr ist ein Genie!

Kleinschöttel (geschmeichelt lächelnd).

Das lassen wir dahingestellt; aber Zollrevisor hoff' ich morgen zu sein.

Rose.

Darf man denn erfahren, wie das Alles gekommen ist?

Kleinschöttel.

Stell' er sich also vor: Wie ich heut' Morgen auf meinem Bureau im Packhof sitze, kommt da ein Individuum an von Thüringen —

Dorette.

Von wo?

Kleinschöttel.

Von Thüringen, der seine Sachen verzollen will. O, Du Donner, sah der Kerl aus: klappermager wie ein Gerippe, wie vom Hunger strangulirt!

Rose.

Vom Hunger strangulirt — charmant gesagt!

Kleinschöttel.

Der Rock so abgeschabt von Tuch, wie eine gescheuerte Diele. Und die Sachen — Sachen konnte man's gar nicht nennen; Habseligkeiten erbärmliche! Mach' ich mich also daran, die paar Lumpen zu visitiren — und wie ich eben fertig zu sein vermeine — was erblick' ich: Einen großen Sack.

Rose.

Einen großen Sack?

Kleinschöttel.

"Was ist drin in dem Sack?" frag' ich. So erwidert er: "Mein Geld hab' ich hineingethan." Hurr — fährt mir's durch den Kopf. Der kommt von Thüringen, der führt uns schlechtes Geld in Berlin ein. "Mach' er den Sack auf," kommandir' ich — so knüppert das mit seinen langen mageren Fingern den Sack auf. Ich — einen Blick hinein — was sehe ich? Nürnberger Batzen — der ganze Sack voll. Vierhundert Thaler in Nürnberger Batzen, wie Seine Majestät per Edikt ausdrücklich verboten haben, daß Niemand sich unterstehen soll, sie einzuführen in Königliche Staaten.

Rose.

Ist bekannt gemacht. Ist bekannt gemacht.

Kleinschöttel.

Ich also auf meinen Thüringer los: "Herr," sag' ich, "das ist ja Contrebande! Herr, was untersteht er sich? Führt uns in Königliche Haupt- und Residenzstadt verrufenes und verbotenes Geld ein?"

Rose.

Was hat er darauf gesagt?

Kleinschöttel
(schüttelt sich vor Lachen, klopft Rose auf die Schulter).

Apotheker — Apotheker — wenn er das Gesicht gesehen hätte von dem Kerl! "Hab's nicht gewußt," sagt er, "so wahr Gott im Himmel ist, ich hab' nicht gewußt, daß die Batzen verboten sind in preußischen Landen. Geb' mir der Herr den Sack zurück, so will ich über die Grenze zurück und es umwechseln in Preußisch Courant."

Rose.

Und hat er ihm den Sack zurückgegeben?

Kleinschöttel.

Den Teufel hab' ich gethan! "Das ist keine Entschuldigung," hab' ich gesagt, "wenn man in eine Stadt kommt, wie Berlin eine ist, so muß man Bescheid wissen mit dortigen Gesetzen. Sein Geld ist konfiscirt!"

Rose.
Den Kuckuck — das wird ihm nicht lieb gewesen sein.

Kleinschöttel.
Nicht lieb gewesen? Auf die Kniee ist er gefallen, daß ich gedacht habe, er stößt mit seinen spitzen Knochen Löcher in den Fußboden — „sei er barmherzig, der Herr! Es ist Alles, was ich habe! Mein ganzer Sparpfennig von zwanzig Jahren her! Wenn er mir's konfiscirt — — was soll ich machen? was soll ich machen?"

Dorette.
Sein Sparpfennig von zwanzig Jahren her?

Kleinschöttel.
Ja, was sagt sie? Und das mit einemmal zum Teufel — Ist eine Ueberraschung?

Dorette.
Und — als er so gebeten — was hat — der Herr Supernumerar gesagt?

Kleinschöttel.
Jetzt eben kommt's: wie ich ihn also winseln höre, fährt's mir durch den Kopf: Supernumerar, sag' ich zu mir, das Avancement ist da, faß es beim Schopf!

Rose.
Also wie hat er's gemacht?

Kleinschöttel.
Erst noch einmal angesehn hab' ich mir meinen Thüringer, ob er auch wirklich stupid genug zu meinem Vorhaben sei, und wie ich mich überzeugt, daß es zu Allem reichte, hab' ich ihm gesagt: „ich will ihm einen Rath geben. Heut' ist der Tag, wo Seine Majestät Supplikanten empfängt. Geh' er gleich von hier in den Lustgarten, steck' er all' seine Papiere zu sich, warte

er, bis Seine Majestät der König kommt. Alsdann, so rede er den König an; trage er ihm Alles vor, daß er vierhundert Thaler in Nürnberger Batzen in Berlin eingeführt hat —"

Rose.

Herr Supernumerar — wenn das Seine Majestät hört, läßt er den Mann ja wohl gleich in die Stadtvogtei spediren?

Kleinschöttel (krümmt sich vor Lachen).

Ja — natürlich thut er das!

Dorette.

Natürlich thut er das? Und — während er das wußte, hat er's dem Manne gerathen?

Kleinschöttel.

Ich bin ja noch gar nicht zu Ende; die Hauptsache kommt ja noch. „Und dann vergess' er nicht," hab' ich meinem Thüringer eingebläut, „Seiner Majestät zu sagen, daß man ihm die Batzen auf dem Packhof konfiscirt hat. Und daß es der Supernumerar Kleinschöttel gewesen ist, der ihm das Geld konfiscirt hat!"

Rose.

Und da — ist er wirklich gegangen?

Kleinschöttel (springt auf).

Wird er's glauben, Apotheker? Ist wirklich gegangen! So wahr ich hier stehe! Directement zum Löwen in die Höhle! Vom Fenster aus hab' ich ihm noch einmal nachgerufen: „vergess' er nicht: der Supernumerar Kleinschöttel ist's gewesen," und darauf — o hahaha — kehrt das noch einmal um und sagt: „ich danke dem Herrn auch schön, ich danke auch schön." — Ist's ein Witz, Apotheker? Ist's ein Witz? Ich spedire ihn in die Stadtvogtei, und dafür bedankt er sich noch! Was sagt er dazu?

Rose (verblüfft, schiebt das Glas von sich).

Es — ist wirklich — was man einen Geniestreich nennt.

→ Volksstück. ←

Kleinschöttel.

Kommt er dahinter? Ja? Wenn ich blos das Gesicht hätte sehen können, mit dem Seine Majestät den Kerl angesehen haben mag! „Verbotenes Geld führt er bei mir ein und kommt selbst gelaufen und sagt mir das? Marsch ab mit ihm in die Stadtvogtei! Und wie heißt der Mann, der's ihm abgenommen hat? Kleinschöttel? Was ist er? Supernumerar? Der Mann ist von morgen ab Revisor! Das ist ein Beamter, wie ich sie gebrauchen kann." (Er tritt auf Doretten zu.) Na, was sagt die Demoiselle?

Dorette (sitzt mit gefalteten Händen).

Ich bete.

Kleinschöttel.

Sie — was thut sie?

Dorette.

Ich bete, daß die Gedanken unseres Königs andere sein möchten, als die des Herrn Supernumerar.

Kleinschöttel (wendet sich ab).

Herr Rose — ich verstehe seine Schwester nicht recht. (Tritt an den Tisch, ergreift das Glas). Komm' er her, woll'n wir mal anstoßen auf das Avancement.

Rose (ohne das Glas aufzunehmen).

Sehr — aimabel — hm — aber — um die Wahrheit zu gestehn — am Vormittag den Madeira — vertrag' ich nicht recht.

Achter Auftritt.

Der Provisor (erscheint in der Mittelthür).

Provisor.

Herr Prinzipal — ein Kammerhusar ist draußen von Seiner Majestät dem König!

Rose (springt auf).

Ein Kammerhusar?

Kleinschöttel.

Von Seiner Majestät dem König?

Provisor.

Er fragt, ob der Herr Supernumerar Kleinschöttel hier ist.

Kleinschöttel.

Ob der Supernumerar Kleinschöttel hier ist! (Er rennt in äußerster Erregung auf und nieder. Zu Rose) Was hab' ich gesagt? (Zu Dorette) Hab' ich zuviel gesagt? (Zu Rose) Wird er's nun glauben? (Zu Dorette). Sieht sie nun, wer ich bin? (Zu Rose, ihn auf die Schulter klopfend). Aber laß' er gut sein, ich nehme seine Schwester auch jetzt!

Provisor.

Soll er herein kommen?

Kleinschöttel (zum Provisor).

Ja, worauf wartet er denn? Läßt man königliche Kammerhusaren antichambriren? (Der Provisor verschwindet.)

Kleinschöttel.

Die Stühle bei Seite, meine Damen! (Florette und Julchen rücken die Stühle und den Tisch zur Seite). Den Tisch! (Kleinschöttel zupft sich die Manschetten heraus). Positur, Herr Rose! Positur! Positur!

Neunter Auftritt.

Ein königlicher Kammerhusar (kommt durch die Mitte).

Kammerhusar.

Serviteur allerseits.

Alle.

Serviteur!

Kammerhusar.

Der Supernumerar Kleinschöttel vom Packhof — ist er hier?

— Volksſtück. —

Kleinſchöttel.
Submiſſeſt aufzuwarten — hier.
Kammerhuſar.
Ob er es geweſen iſt, der heut Morgen einem Individuum aus Thüringen vierhundert Thaler in Nürnberger Batzen konfiszirt hat?
Kleinſchöttel.
Submiſſeſt zu vermelden, allerdings.
Kammerhuſar (holt ein Blatt aus der Bruſttaſche).
Alſo hab' ich einen Auftrag an ihn von Seiner Majeſtät dem König.
Kleinſchöttel (ſtößt zitternd vor Erregung Roſe an, flüſtert):
Die Ernennung!
Kammerhuſar.
Seine Majeſtät laſſen ihm ſagen, daß er ein ganz verfluchter Eſel iſt.
Kleinſchöttel.
W — er —?
Kammerhuſar.
Er! Und wenn Seine Majeſtät nicht annähmen, daß er bloß aus Dummheit ſo gehandelt hätte, würden Seine Majeſtät ihn recta via in die Stadtvogtei ſpediren.
Kleinſchötttel (mit einem Jammerblick auf Roſe).
In — die Stadtvogtei?
Roſe.
So habe ich auch verſtanden.
(Julchen hat ſich zu Dorette gebeugt, man hört ihr Kichern.)
Kammerhuſar.
Sintemalen er Königliche Haupt- und Reſidenzſtadt in Verruf bringt, als wär's eine Räuberhöhle, und Seine Majeſtät nicht ein gnädiger Fürſt, ſondern ein Halsabſchneider.
Kleinſchöttel.
Wenn ich bitten darf — einen Stuhl.

Julchen (rückt ihm einen Stuhl hin).

Halsabschneider — so habe ich auch verstanden.
(Kleinschöttel sinkt auf den Stuhl.)

Kammerhusar.

Er hätte dem Mann, sagt Seine Majestät, seine Batzen zurückgeben sollen, daß er sie umwechsele jenseits der Grenze. Statt dessen, weil er ihm sein Geld weggenommen hat, wie ein Beutelschneider, so ergeht hiermit Allerhöchster Befehl an ihn, daß er sich recta via auf den Packhof scheert. Alldort zeigt er diese Ordre vor von Seiner Majestät allerhöchst eigener Hand (übergiebt ihm das Blatt) dem Directorio zeigt er sie vor, und alsdann so werden dem Thüringer vierhundert Thaler in Preußisch Courant blank und baar auf den Tisch gezahlt. Hat er verstanden?

Kleinschöttel.

Dem — Directorio —

Kammerhusar.

Zeigt er die Ordre vor —

Kleinschöttel.

Meine Karrière ist zum Teufel — hohes Directorium wird mich als Minus=Macher notiren.

Kammerhusar.

Ob er verstanden hat?

Kleinschöttel.

O — ja —

Kammerhusar.

So mach' er sich auf den Weg. Gleich komm' ich mit dem Thüringer hinterdrein — (sieht sich um) Wo ist er denn geblieben? (Geht an die Mittelthür, ruft) Herr Linsenbart!

Julchen (aufkreischend).

Linsenbart?

Dorette (greift nach Julchens Hand).

Julchen — . . .

→ Volksstück. ←

Rose.
Linsenbart?
Kammerhusar.
Komm' er doch herein, Herr Kandidat!

Zehnter Auftritt.

Linsenbart (ein ältlicher Mann mit feinem, vom Elend abgezehrtem Gesicht, in sauberer, aber dürftiger Kleidung, kommt vorsichtig, verlegen durch die Mitte).

Linsenbart (macht im Kreise herum eine tiefe Verbeugung).
Allerseits einen gottgesegneten guten Morgen zu wünschen.

Dorette (ist starr und steif am Stuhle aufgestanden).
Gottfried!

Linsenbart.
Allmächtiger — wo — befinde ich mich?

Rose.
Er befindet sich bei dem Apotheker Rose, und da ist meine Schwester Dorette.

Linsenbart (stammelnd).
Do — rett — so bitte ich um Vergebung — so — möchte es das Gerathenste sein — wenn ich mich — gleich wieder entfernte. (Macht Miene abzugehen.)

Kammerhusar.
Warte er noch, gleich geh' ich mit auf den Packhof, allwo ihm der Herr Supernumerar da seine vierhundert Thaler auszahlen wird.

Linsenbart (zu Kleinschöttel).
O mein Gott ja — dem Herrn bin ich ja zu besonderem Dank verpflichtet.

Rose (laut auflachend).
A la bonheur! Zu besonderem Dank!

Linsenbart.
Hoffe nur, der Herr hat kein Derangement dadurch gehabt?

Rose.
Blos einen Thaler Unkosten für eine Flasche Madeira.

Kleinschöttel (springt auf).

Da irrt er sich, wenn er denkt, daß ich die bezahle!

Rose.

Was?

Kleinschöttel.

Er hat ja mitgetrunken? Mehr als die Hälfte!

Rose.

Na — das muß ich denn aber doch sagen —

Florette (eilt zum Vater).

Cher papa! Echauffir' er sich nicht!

Kammerhusar (zu Kleinschöttel).

Das kann er nachher abmachen. Jetzt marsch auf den Weg!

Julchen.

Marsch auf den Weg, Herr Supernumerar!

Kleinschöttel.

Und ich sag's ihm! Den Madeira bezahl' ich nicht!

Elfter Auftritt.

Der **Provisor** (erscheint in der Mittelthür, einen Brief in der Hand).

Kleinschöttel
(der zur Mittelthür hinaus will, rennt mit dem Provisor zusammen).

Was will er? Warum vertritt er mir den Weg?

Provisor.

Ich — ich —

Kleinschöttel.

Er will das Geld für den Madeira! Aber er kriegt keins. Und wenn er mich zehnmal ansieht — wie — wie ein Indianisches — Beutelthier!

Provisor.

Ich weiß gar nicht, was der Herr Supernumerar von mir will? Einen Brief hab' ich abzugeben an den Herrn Prinzipal.

Kleinschöttel.

So geb' er in drei Teufels Namen soviel Briefe ab, als er will, und laß' er mich aus dem Haus! (Stürmt durch die Mitte ab.)

→ Volksstück. ←

Rose.
Einen Brief?

Provisor (überreicht ihm den Brief).
Eben angekommen mit der Post aus Thüringen.

Florette.
Von meinem Hofmann!

Rose (erbricht den Brief).
Gleich, Florettchen, sogleich — er ist an mich. (Fängt an zu lesen.)

Kammerhusar (nimmt ein zweites Blatt aus der Uniform).
Herr Kandidat, ich habe jetzt noch eine zweite Ordre zu bestellen, fünf Schritt von hier, im Gymnasium zum grauen Kloster. Warte er hier so lange; gleich komme ich wieder und hole ihn ab.

Linsenbart.
O — wenn der Herr Kammerhusar erlaubt — so möcht' ich gebeten haben — daß ich den Herrn begleiten dürfte —

Rose (der mit steigender Aufregung in dem Brief gelesen hat).
Nein — bleib' er hier — er kann mir Auskunft geben — ich — hier — etwas — o Du Himmelkreuz —

Kammerhusar.
Also, ich komme wieder. (Ab durch die Mitte).

Rose (geht auf und ab, den Brief in der Faust zerdrückend).
Du Himmelkreuzdonnerwetter —

Florette.
Cher papa — was regt ihn denn so auf?

Rose (drückt sie in plötzlicher mitleidsvoller Zärtlichkeit an sich).
Florettchen — mein Töchterchen — (zu Linsenbart) Sag' er — er hat Pfarrer werden wollen in Hemmleben?

Linsenbart.
O mein Gott — ja.

Rose.
Und da hat ihm der Graf eine Bedingung gestellt? Und die hat er nicht angenommen?

Linsenbart.
Ach, hochverehrter Herr, es war ja nicht möglich.
Rose.
Es ist nämlich — weil mir der Hofmann, was der Bräutigam von meiner Tochter ist — mir schreibt — daß ihm der Graf die Bedingung auch gestellt hat — und er hat sie angenommen.
Linsenbart (reißt die Augen auf).
Er — hat sie angenommen?
Florette.
Aber was ist's denn endlich für eine?
Rose.
Das sagt er ja nicht — Alles, was er sagt — o Du Himmelkreuzdonnerwetter — daß man so etwas erleben muß —
Florette.
Alles was er sagt — was sagt er denn? Es wird ja ennuyant!
Rose.
Er sagt — er schreibt — (umarmt seine Tochter) Florettchen, hattest Du Dir nicht neulich einen Surtout gewünscht? Als wir die Spandauer Straße entlang gingen? Ein seidener Surtout in der Auslage —
Florette.
Von ponceaurother Seide.
Rose.
Den schenk' ich Dir.
Florette.
Und ein Fichu lag dabei, von perlgrauem Moiré.
Rose.
Schenk' ich Dir auch. Den Surtout und das Fichu.
Florette.
Aber was schreibt denn der Hofmann?
Rose.
Er schreibt — nachdem er die Bedingung von dem Grafen angenommen — wird es ihm stets eine angenehme Erinnerung

sein — o Du Himmelkreuzelement — ihm stets eine angenehme Erinnerung sein, daß er mit meiner Tochter verlobt gewesen — heirathen aber könnte er sie nicht mehr.

Florette
(wirft sich auf das Sopha, reißt das Schnupftuch hervor, drückt es an die Augen, bricht in Thränen aus).

Solch ein mechanter Mensch! Solch ein mechanter Mensch!

Linsenbart.

Ach nein freilich, wenn er die Bedingung angenommen hat, kann er die Jungfer nicht mehr heirathen.

Florette.

Solch ein abscheulicher Mensch!

Rose.

Florettchen, Florettchen, ich schenk' Dir den Surtout und das Fichu.

Florette.

Kann ich gleich nachher gehen, sie mir kaufen?

Rose.

Gleich kannst Du gehen.

Florette.

Aber da komm' ich ja nie im Leben darüber hinweg! Solch ein abominabler Mensch!

Rose.

Florettchen, mein Töchterchen —

Linsenbart.

Ach, glaube die Jungfer nur, der arme Mensch hat sich übel gebettet.

Florette.

Vertheidigt er ihn noch gar?

Rose.

Nur trösten wollen wir Dich.

Florette.

Was kann mich trösten? Aber in der Neuen Friedrichstraße habe ich einen Hut gesehen mit Marabu-Federn.

Rose.

Sollst Du haben, Florettchen, sollst Du auch haben, nur weine nicht mehr!

Florette (trocknet sich die Augen).

So will ich versuchen, ob ich den Menschen vergessen kann. (Geht links ab.)

Dorette
(die sich inzwischen niedergesetzt und die ganze Zeit in sichtlicher Aufregung gesessen hat, steht auf).

Jetzt aber sage er, Gottfried, was das für eine Bedingung ist, die der Graf gestellt hat?

Linsenbart.

Ach, liebwertheste Jungfer, wenn sie's denn wissen will, er hat verlangt, daß der neue Pfarrer die Kammerzofe von der gnädigen Frau Gräfin heirathen soll.

Rose.

Und das hat der Hofmann angenommen?

Linsenbart.

Dann — scheint es ja wohl so.

Rose (stürmt auf und ab).

Das ist ja — infam!

Dorette (zu Linsenbart).

Und das hat der Graf auch von ihm verlangt?

Linsenbart.

Ach, freilich; und als ich ihm darauf gesagt, daß ich schon ein versprochener und verlobter Mann sei, hat er gemeint, das thäte nichts zur Sache.

Rose.

A la bonheur!

Linsenbart.

Denn so etwas ließe sich rückgängig machen.

Rose.

Wird ja immer besser!

Linsenbart.

Und ich sollte nur Vernunft annehmen und die Verlobung aufheben.

Volksſtück.

Roſe.
Eine ſchöne Vernunft!
Dorette
(tritt einen Schritt auf den Bruder zu, ſieht ihm ins Geſicht).
Ja — nicht wahr? Eine ſchöne Vernunft.
Roſe.
Das muß ich ſagen.
Dorette (wie vorhin).
Einem verlobten Menſchen ſo etwas zuzumuthen?
Roſe (verblüfft).
Ja — ach ſo — (für ſich) Himmelkreuzbonnerwetter.
Dorette (wendet das Geſicht zu Linſenbart).
Und das iſt die Bedingung geweſen, von der er mir nicht einmal hat ſchreiben wollen?
Linſenbart.
Ach, liebwertheſte Jungfer, es hat mich ſo in ihrer Seele beleidigt, daß ich's nicht konnte.
Dorette
(breitet, vom Fleck aus, beide Arme aus).
Gottfried, komm' er her, geb' er ſeiner Braut einen Kuß!
Linſenbart
(heftig erſchreckend, ohne ſich vom Fleck zu rühren).
Jungfer — Dorette —
Dorette.
Scheut er ſich vor den Menſchen? Alſo will ich zu ihm kommen. (Tritt auf ihn zu) Gottfried, er kreuzbraver Mann — da hat er den meinen. (Umarmt und küßt ihn.)
Linſenbart (erwidert in plötzlicher Ueberwallung ihren Kuß).
Das liebe Weib! Das theure Weib! (Fährt zurück, mit einem Blick auf Roſe) Ich bitte um Vergebung.
Dorette.
Wen hat er um Vergebung zu bitten?
Linſenbart.
Dorette — ſie ſelbſt! Ich habe ihr Leben an meines ge-

knüpft, und mein Leben ist entzwei. Ich habe gehofft auf eine Zukunft für uns Beide — vierhundert Thaler, das ist mein ganzer Besitz, und Zukunft ist nicht mehr da!

Dorette.

Gottfried — er hat zwanzig Jahre lang Glauben bewahrt — werde er nicht muthlos in dieser Stunde!

Linsenbart.

Ich habe geglaubt, daß es ein Verdienst sei, wenn ich ihr Hoffnung zusprach und Muth — jetzt erkenn' ich, daß es ein Unrecht war. Ich habe sie gefangen gehalten in meinem Herzen; an ihrem geliebten Bilde hat meine Seele sich erwärmt, wenn sie erstarren wollte in Verzweiflung — vergebe sie mir die Eigensucht! Ich hätte sie freigeben sollen, schon lange, Dorette, ich gebe sie frei — laß sie mich gehn.

Dorette (hält ihn an der Hand).

Aber, weiß er denn, ob ich ihn freigebe?

Linsenbart.

Es war nicht mein Wille, daß ich ihr wieder vor Augen gekommen bin.

Dorette.

So war es Gottes Wille — der ist gescheidter, als wir Menschen.

Linsenbart (versucht sich loszumachen).

Laß sie mich gehn —

Dorette (hält ihn fest).

Gottfried — werd' er nicht hartherzig vor übergroßer Weichheit! Hab' ich nicht auch zwanzig Jahre lang ausgehalten und gewartet? Soll das ausgelöscht sein, wie ein falsches Rechenexempel auf der Tafel?

Linsenbart.

O Du Gott —

Dorette.

Wie mir das Herz im Leibe aufgesprungen ist, als ich

seinen Namen hörte — wie ich wieder jung geworden bin, als ich sein Gesicht sah —

Linsenbart.

War es denn so? War es denn so?

Dorette.

Wie jetzt unser König ihm sein Geld hat wiedergeben lassen, dem bösen Menschen zum Trotz, Gottfried, er kleingläubiger Mensch, fühlt er denn nicht, daß da etwas kommt und wird? Merkt er denn nicht, daß unser Herrgott im Himmel, der's ihm so schlecht hat gehen lassen bisher, sich eines anderen besonnen hat? Will er ins Mauseloch kriechen, jetzt, da es Frühling wird?

Linsenbart.

Sie — sie — ist ein Heldenweib!

Dorette

(hält seine Hand in beiden Händen, sieht ihn leuchtenden Auges an).

Nein, Gottfried, nur, daß ich ihn rechtschaffen lieb habe.

Zwölfter Auftritt.

Prorektor Wippel (erscheint in der Mittelthür).

Wippel (verneigt sich).

Habe allerseits die Ehre —

Julchen (fliegt auf Dorette zu).

Tante Immergrün —

Wippel.

Mein Name ist Johann Jakob Wippel, Prorektor am Gymnasium zum grauen Kloster.

Dorette (leise).

Julchen — das ist —?

Julchen.

Wer denn sonst? (Geht in die äußerste rechte Ecke des Zimmers, bleibt dort schamhaft stehn.)

Wippel.

Bin ich hier recht beim Herrn Apotheker Rose? Und ist

es an dem, daß ich allhier den Herrn Kandidaten Gottfried Irenäus Linsenbart aus Thüringen finde?
Rose.
Der Herr Prorektor sind ganz recht, und dort steht der Herr, nach dem er fragt.
Wippel (bietet Linsenbart die Hand).
Herr Collega — gestatte er mir, ihn zu begrüßen.
Linsenbart.
Col — lega? O mein Gott — der Herr Prorektor irren sich gewiß in meiner Person.
Wippel.
Ich irre mich nicht. Von Seiner Majestät unserem allergnädigsten König sind uns soeben seine Papiere zur Prüfung übersandt worden. An der Universität Jena hat er die facultas docendi et informandi erworben?
Linsenbart.
Das ist wohl richtig.
Wippel (blickt in die Papiere, die er in der Hand hält).
Summa cum laude erworben, so ist es richtig; da steht es in seinen Papieren.
Dorette.
Nichts für ungut — was bedeutet das auf deutsch?
Wippel.
Das bedeutet und will besagen, zu höchster Belobigung.
Dorette (drückt beide Hände ineinander).
Ach — Gottfried —
Wippel (zu Linsenbart).
Am Gymnasium zum grauen Kloster ist eine Lehrerstelle vakant. Seine Majestät bietet sie dem Herrn an. Schlägt er ein, so ist er angestellt — achthundert Thaler jährlich Gehalt.
Linsenbart
(steht mit offenem Munde da, wie fassungslos, dann drückt er beide Hände an den Kopf, fängt an verzweifelt auf= und abzugehen).

O du heiliger Christ — o du heiliger Christ — muß mir auch das noch gescheh'n?

Dorette.
Aber was ist denn, Gottfried? Was ist denn?
Linsenbart.
Mein Gehirn verschiebt sich! Ich höre Stimmen; das ist ein Zeichen, daß der Mensch verrückt wird! Mir war's — als hätte mir jemand — eine Stelle angeboten — achthundert Thaler jährlich Gehalt —
Dorette.
Aber Gottfried, da steht ja der Herr, der es ihm anbietet, und wir alle haben es auch gehört!
(Linsenbart bleibt stehen, dreht sich um sich selbst, taumelt.)
Rose.
Einen Stuhl! (Er schiebt einen Stuhl heran).
(Linsenbart sinkt auf den Stuhl, schließt die Augen.)
Rose (ruft).
Lavendelsalz aus der Apotheke!
Julchen (stürzt zur Mitte hinaus).
Lavendelsalz.
Dorette (kniet bei Linsenbart nieder).
Komm' er zu sich, komm' er doch zu sich.
Wippel.
Was geschieht dem Herrn denn nur?
Dorette.
O, sieht es der Herr Prorektor; der arme Mann ist so an das Unglück gewöhnt — das Glück bringt ihn um!

Dreizehnter Auftritt.

Julchen (kommt mit einem Flakon aus der Apotheke zurück).
Hier ist Lavendelsalz.
Rose (nimmt ihr das Flakon ab, hält es Linsenbart unter die Nase).
Riech' er daran!
Linsenbart (schlägt die Augen auf).
Wie — sieht denn — so etwas — nur aus?

Dorette.

Was benn, Gottfried? Was benn nur?

Linsenbart.

Ich meine — solch ein Haufen — Geld — achthundert Thaler jährlich.

Wippel (tritt hinzu, bietet ihm die Hand).

Schlägt er ein, der Herr? Will er der Unsere sein?

Linsenbart (ergreift Wippels Hand).

Ach — Herr Prorektor (Er springt auf, wirft beide Arme empor). Friedrich, du großer König, du guter König! Der du demüthigst die Großen, und aufrichtest die Gebeugten — Gott segne dich! Thränen des Danks perlen auf deinen Lorbeer! (Er breitet die Arme gegen Dorette aus.) Dorette —

Dorette (fällt ihm in die Arme).

Gottfried —

Linsenbart.

Will's Gott uns doch noch bescheeren, daß wir uns angehören sollen?

Dorette (schluchzend an seiner Brust).

Er will es, Gottfried, denn er verläßt die Guten nicht! (Sie halten sich umschlungen.)

Julchen (tritt hinter beide, sagt halblaut).

Willkommen, o silberner Mond mir —

Linsenbart.

O hört sie's, Dorette? Das alte Lied, bei dem wir uns fanden.

Julchen.

Jetzt aber, statt des Mondes geht die Sonne auf?

Linsenbart (zu Julchen).

Das liebe, junge Kind —

Dorette (wirft einen Arm um Julchen).

Gottfried, das ist die Nachtigall, die zu Lauchstädt im Garten über unserem Haupte sang und die uns wiedergekehrt ist in diesem Herzenskind!

Vierzehnter Auftritt.
Der Kammerhusar (kommt durch die Mitte).

Kammerhusar.

Herr Kandidat — alleweile kann's losgehn nach dem Packhof —

Linsenbart (macht sich los).

So muß ich für jetzt wohl —

Rose.

Aber zuvor bitt' ich, daß der Herr Schwager mir die Hand reicht und mir zu sagen erlaubt, daß er willkommen ist beim Apotheker Rose.

Linsenbart (reicht ihm die Hand).

Aber vom Packhof darf ich gleich wiederkommen?

Dorette.

Nicht einen Augenblick soll er verweilen.

Rose.

Wir warten auf ihn mit dem Mittagessen.

Linsenbart (zu Wippel).

Kommen der Herr Prorektor mit?

Wippel.

Ja — jawohl — nur daß ich noch — (sucht mit den Augen nach Julchen, die sich hinter der Tante versteckt).

Julchen (zitternd).

Ach Tante —

Wippel.

O — allerliebste Jungfer — warum verbirgt sie sich?

Dorette (schelmisch).

Vielleicht, daß sie sich vor Jupiter Pluvius fürchtet?

Wippel.

So ward ich verrathen? Aber sie hat sich auch selbst verrathen; denn als sie jetzt eben Klopstocks herrliche Verse sprach — (tritt näher hinzu).

Jungfer Immergrün.

Julchen.
Ach Tantchen —
Wippel.
Hat sie mir gezeigt, daß sie nicht nur liebenswürdig ist von Gestalt. Sie ist auch eine schöne, liebliche Seele. (Er ergreift Julchens Hand. Julchen steht mit gesenktem Haupt. Es entsteht eine Pause.)
Dorette.
Herr Bruder — ob der Herr Prorektor vielleicht auch zum Mittagessen wiederkommen?
Wippel.
Darf ich?
Rose.
Soll mir eine Ehre sein, wenn der Herr fürlieb nehmen wollen.
Wippel (zu Julchen).
Darf ich? Darf ich?
Julchen (blickt selig zu ihm auf).
Ach — komme er doch ja wieder.
Wippel (wirft den Arm um Linsenbart).
Gehn wir, Herr Collega; wir kommen wieder!
Linsenbart.
Wir kommen beide wieder!
(Indem sie sich zum Abgang wenden, fällt der Vorhang.)

Ende des Stückes.